Die Nixensagen aus Brey

An Mauern und Hauswänden sind sie noch lebendig, in ‚Wandgemälden', wie wir sie an der Lahnmündung in Lahnstein oder in Niederspay finden.

Mit der Marksburg auf der anderen Rheinseite im Hintergrund, ist es dort wohl ein Spayer Fischer, der die Nixe im Netz hat, während uns die Nixensagen aus Brey eher von jungen Männern erzählen, die den Nixen ‚ins Netz' gegangen oder von ihnen ‚bezirst' worden sind, wie es der Breyer Maler Albert Dinkel in nebenstehendem Bild dargestellt hat.

Blick auf Brey am Rhein, von Albrecht Dinkel

„Der Jägerbursche Fritz kann der Nixe nicht widerstehen",
von Albrecht Dinkel

Die Nixensagen aus Brey

neu erzählt von Ulli Biere und Werner Müller

herausgegeben

von

Bernd Ulrich Biere

mit einem kulturwissenschaftlichen Beitrag

von Helga Arend

mykum pocket

Bibliografische Information der Deutschen Nationalbibliothek

Die Deutsche Nationalbibliothek verzeichnet diese Publikation in der Deutschen Nationalbibliografie; detaillierte bibliografische Daten sind im Internet über http://dnb.dnb.de abrufbar.

Auf der Bornau 29
56321 Brey

Herstellung und Vertrieb:

Books on Demand GmbH
In de Tarpen 42
22848 Norderstedt

Printed in Germany

ISBN: 978-3-9819884-2-0

Inhalt

Vorwort

Das untere Bild auf Seite 3, gemalt von Albrecht Dinkel aus Brey, zeigt keinen Fischer, der sich eine Nixe „geangelt“ hat, wie wir es auf ‚Wandgemälden, an der Lahnmündung und im Nachbarort Spay finden, sondern stellt wohl eine Illustration zu unserer ersten Nixensage in diesem Bändchen dar: Wir sehen den „Jägerburschen Fritz“ der den spielenden Nixen freundlich zuwinkt und ihnen schließlich, gemäß der Sage, wohl nicht widerstehen kann.

Während Spay unmittelbar am Wasser liegt, verläuft die Dorfachse in Brey eher vom Rhein weg in die Felder und Weinberge aufsteigend. Dennoch werden die Nixensagen tatsächlich Brey zugeschrieben. Vielleicht waren die Nixen für die Breyer (Wein)bauern ja noch ein wenig ‚exotischer‘ und damit auch verlockender als sie es für die Fischer in Spay und Braubach gewesen sein mögen.

In den Breyer Nixensagen finden wir in verschiedenen Variationen durchgehend die 'klassische' Version: Die Nixe zieht uns an, sie zieht uns aber auch ins Wasser und schließlich in den Untergang, ins Verderben.

Die vielfältige literarische Bearbeitung des Nixenmotivs und die Ausgestaltung insbesondere der verschiedenen Frauenfiguren hat meine Kollegin am Campus Koblenz der Universität Koblenz-Landau, die Literaturwissenschaftlerin Frau Prof. Dr. Helga Arend, untersucht. Sie ist derzeit Frauenbeauftragte der Universität und ich bin ihr dafür sehr dankbar, dass wir im Anhang einen ihrer kulturwissenschaftlichen Beiträge zu den „Frauenbildern in den Rheinsagen" abdrucken können.

Darüber hinaus danke ich dem ehemaligen Ortsbürgermeister und Leiter des „Initiativkreises ‚Kultur im Dorf', Brey", Werner Müller, der mir nicht nur eine Übersetzung der Nixensagen aus dem Englischen zugänglich gemacht hat, die seinerzeit von Frau Erika Linke aus Düsseldorf angefertigt und von Paul Peter Eich im „Heimat-

Jahrbuch 1984, Kreis Mayen-Koblenz“ zum ersten Mal veröffentlicht wurde, sondern der in diesem Bändchen auch selbst zwei der Nixensagen in Breyer Mundart neu erzählt. Den englischen Text von Joseph Snowe hat mir freundlicherweise Manfred Jocham in einer Abschrift zur Verfügung gestellt.

Das Buch des englischen Rhein-Reisenden Joseph Snowe („*The Rhine. Legends, Traditions, History, from Cologne to Mainz*“), 1839 in London erschienen, weist in die Zeit der Frühromantik. Es wurde - mehr oder weniger zufällig – von dem aus Brey stammenden Hans-Georg Karbach entdeckt, der es von einem Bekannten aus Berlin bekam, der wiederum Ende der 70-er Jahre in einem Antiquariat in London darauf gestoßen war.

Snowe war ein Zeitgenosse von Clemens Brentano, der 1800 in Jena die ‚*Lore Lay*‘ verfasste und damit die Grundlage für die Entstehung der Loreley-Sage schuf, an die Heinrich Heine wiederum mit dem Lied ‚*Ich weiß nicht, was soll es bedeuten*‘ 1823 anknüpfte, das dann

15 Jahre später (1838) von Friedrich Silcher vertont wurde.

Ein Jahr später, 1839, erscheint dann das Rheinreise-Buch von Snowe, der Brey wohl, wie man ehrlicherweise zugeben muss, einfach ‚links' hätte liegen lassen, wären da nicht die Nixensagen gewesen:

„*On the left bank of the Rhine, a little above Rhens, stands the small village of Brey, surrounded by orchard and gardens. It is a place of little consideration, and would be of still less, but for the legends of the Nixie, which still linger there, and connect themselves with the locality.*" (S. 90)

Gleichwohl stellt sich heute immer noch die gleiche Frage, die sich auch Snowe seinerzeit stellte:

„*But who is the Nixie?*" (S. 90) – Wer oder was ist sie eigentlich, die Nixe?

In der Nähe von Brey, ein Stück flussabwärts Richtung Koblenz, gab es viele Jahre tatsächlich eine veritable Nixe, die uns viele Male, samt Fahrrädern von Stolzenfels auf die andere Rheinseite nach Lahnstein ‚getragen' hat, wenn wir auf dem schnellsten Wege weiter lahnaufwärts Richtung Bad Ems fahren wollten: eine kleine Personenfähre, die in aller Munde ‚Nixe' hieß, nun aber wegen eines Motorschadens schon seit einigen Jahren den Fährbetrieb eingestellt hat.

Anders als die Nixe der Sage, die uns ja eher ‚unter Wasser' zieht, war eine solche Nixe eher dazu gebaut, uns über den *‚river Rhine'* zu bringen, schön ‚*auf* dem Wasser' zu bleiben und nicht mit irgendwelchen, wenn auch noch so zauberhaften Nixen zu locken, die uns gewiss das prächtigste Wasserschloss versprochen hätten.

Von dieser Fährschiff-Nixe, deren Existenz unbestreitbar ist, wusste Snowe natürlich noch nichts, aber auch wenn heute jemand nach der Nixe fragen sollte, gilt wohl immer noch die ebenso gängige wie unbefriedigende Antwort:

„The Nixie is a water-spirit of the gentler sex, who has her abode in the deep rivers of Germany; and of course, in that noblest of all German floods – the bosom of Old Father Rhine." (S. 90f.)

Da ist er also, der ‚alte Vater Rhein', der edelste aller deutschen Ströme, der für viele Geschichten Platz hat, der die größeren und wilderen Wassergeister (welche dann wohl die Wasser*männer* wären) ebenso in sich birgt (und verbirgt), wie die zartere, wohl doch eher weibliche Nixe, von der aber selbst Snowe schon vermutete, dass es mit der Geschlechtszuweisung nicht ganz so einfach sein dürfte: *„or she may be altogether of a different sex."* (S. 91). (Sollte man heute vielleicht ‚*divers*' sagen?)

Immerhin scheint sie stets der weibliche Part im Ensemble der sagenträchtigen Wasserbewohner zu sein. Wenn man nach vergleichbaren Bezeichnungen für die Nixe sucht, findet man etwa ‚*Wasserfrauen*', ‚*Meermädchen*' oder auch ‚*Meerjungfrauen*', wozu dann als englisches Pendant ‚*mermaid*' gut passen dürfte.

(Wie mir Werner Müller berichtete, trafen sich in seiner Kindheit die Familien im Sommer noch am Rhein: *„Man lag auf Decken im Gras und schaute den vielen Badenden und den vorüberziehenden Schiffen zu. Wenn ich zum Baden an den Rhein ging, war die Warnung der Mutter stets: „Geh nicht so weit ins Wasser, denk an die ‚Untermutter'; im Dialekt ‚Unnermodder').*

Hiermit könnte durchaus eine Art ‚entsexualisierter' Nixe gemeint sein, der, wie auch Helga Arend im Anhang beschreibt, das Bild der fürsorglichen Hausmutter als Ideal gegenübergestellt wird. – Wie dem auch sei, möglicherweise findet sich hier ein Anhaltspunkt dafür, dass der Gedanke an Nixen doch noch irgendwie präsent geblieben ist.

Nun ja, eigentlich glaubt man ja nirgendwo mehr ernsthaft an Nixen, außer natürlich in Brey, so schien es zumindest Snowe im ersten Viertel des 19. Jahrhunderts:

„the only spot, perhaps, on the river, where she is believed to be still visible." (S. 91)

An dieser wie auch immer gearteten Sichtbarkeit darf freilich selbst ein Romantiker wie Snowe ein wenig zweifeln:

„I cannot tell how the truth may be – I say the tale as 'twas said to me." (S. 91)

Offensichtlich wurden die Nixensagen bis zum ersten Viertel des 19 Jahrhunderts wohl noch in Brey ‚erzählt': *‚as 'twas said to me'*. Die alte Tradition des mündlichen Erzählens, die wir vor allem von den Hausmärchen kennen, scheint hier Anfang des 19. Jahrhunderts noch Bestand gehabt zu haben (in dem sprachlichen Hinweis auf die *‚Untermutter'* wohl noch andeutungsweise im 20. Jahrhundert).

So wie die Gebrüder Grimm zwischen 1812 und 1815 die „Kinder- und Hausmärchen" sammelten und veröffentlichten und anschließend auch die „Deutschen Sagen" (1816-1818), die gleichermaßen auf einer mündlichen Erzähltradition basieren dürften, schreibt auch Snowe im ersten Drittel des 19. Jahrhunderts ihm *mündlich erzählte*

Nixensagen auf, wenn auch nicht, um sie, wie Jakob und Wilhelm Grimm, als literarische Überlieferung schriftlich zu fixieren, sondern schlicht als ein Moment von Volkspoesie, wie er sie auf seiner Rheinreise ebenso wahrnimmt, wie die Schlösser und Burgen auf den Rheinhöhen.

Ob die Breyer Nixen auch noch für Elke Heidenreich („Alles fließt") ‚sichtbar' gewesen sind, darf man mit Fug und Recht bezweifeln. Sie hätte davon wohl bei Joseph Snowe *lesen* müssen, denn soweit mir bekannt ist, *erzählt* heute wohl kaum jemand mehr in Brey die Sagen von den Breyer Nixen. Wenn doch, dann sicherlich in der mundartlichen Version, wie sie von Werner Müller (in diesem Band) neu zu beleben versucht worden ist.

Tatsächlich haben sich die Breyer Nixensagen in ihrer Textform offensichtlich kaum fortentwickelt, wie es für mündliche Überlieferungen charakteristisch wäre. Sie sind in der von Snowe in englischer Sprache geprägten Form erhalten, aber auch die Übersetzung ins Deutsche hat keine neue Erzähltradition begründet, sondern bleibt letztendlich der modernen Tradition sekundärer Schriftlichkeit als Medium des Konservierens alter Erzähltraditionen verpflichtet.

Zum Glück, muss man sagen, denn nur in dieser schriftlichen Form konnten mir die beiden Versionen der Breyer Nixensagen, die englischsprachige und die deutschsprachige, und selbst als dritte Version die mundartliche, zugänglich werden. Ich kann sie *lesen*, wann immer und wo immer ich das möchte.

Damit Sie, verehrte Leserinnen und Leser, dies auch können, habe ich mich erneut ans Erzählen gemacht, natürlich nicht mehr mündlich, sondern schriftlich, damit uns das kostbare Gut unserer alten Rheinsagen, zu denen wir natürlich auch die Breyer Nixensagen zählen dürfen, nicht verloren geht.

Und vielleicht entdecken wir bei den historischen Wassertiefständen wie im Jahr 2018 dann doch plötzlich Wesen, die nicht mehr aus den ‚Fluten‘

emporsteigen, sondern auf dem *Braubacher Grund* in der Mitte des Flusses zwischen Brey und Braubach unterhalb der Marksburg ihre letzte Zuflucht finden...

Glauben Sie's oder glauben Sie es nicht – ich hoffe, es bereitet Ihnen Freude, die neu erzählten Sagen von den Breyer Nixen, wenn nicht zu *hören*, so doch zu *lesen.*

Und so beginnen wir einfach mal zu ‚erzählen', angelehnt an die englischsprachige Überlieferung der Breyer Nixensagen durch Joseph Snowe und die erste Übersetzung ins Deutsche durch Erika Linke.

Und mit Werner Müllers Versionen erinnern wir an die ursprünglich mundartlich geprägte mündliche Tradition, wenngleich wir dazu wiederum auf eine Verschriftung des Dialekts zurückgreifen.

Brey, im Juni 2019 Prof. (i.R.) Dr. B.U. Biere

„Ich kann nicht sagen, was die Wahrheit sein mag, ich erzähle die Geschichte, wie sie mir erzählt wurde“ (Snowe, 1839)

Der Jägerbursche Fritz kann der Nixe nicht widerstehen

Ein Wassergeist aus den Tiefen des Rheines soll es gewesen sein, der jenem Jägerburschen zum Verhängnis wurde, der von der Nixe Liebreiz so fasziniert war, dass er sich – vielleicht um sich nicht von ihr verführen zu lassen? – erkühnt, auf sie zu schießen: ein unverzeihlicher Frevel an den Wassergeistern!

Um auf der anderen Seite des Rheines zu Braubach in den bewaldeten Rheinabhängen zu jagen, stiegen ein junger Mann aus Brey, der Jägerbursche Fritz, wie man ihn hier rief, und ein etwa gleichaltriger Bursche aus dem Orte Brey am Rhein an einem schönen Sommermorgen in ein schlichtes Ruderboot am Breyer Rheinufer. In der morgendlichen Dämmerung lag ein feiner Dunst über dem Wasser und das Boot, das dem Vater des Jägerburschen gehörte, der es wohl gelegentlich für den Fischfang nutzte, war unter den Weiden kaum zu sehen. Es lag festgezurrt an einem hölzernen Pflock am Ufer des Rheines unterhalb des Treidelpfades.

Mit ein paar Sprüngen waren die beiden Burschen am Boot, lösten die Seile und sprangen voller Tatendrang und Jagdlust an jenem dämmrigen Sommermorgen ins Boot. Den ganzen Tag über wollten sie auf der anderen Rheinseite, drüben in Braubach in den Wäldern um die Marksburg herum, mit Jagen verbringen.

Während der eine Bursche ruderte, saß der Jägerbursche vorn im Bug des Bootes, das Jagdgewehr schon über die Schulter gehängt. Der Fluss war nach einem Gewitter in der Nacht mächtig angeschwollen und der andere Bursche musste kräftig gegensteuern, damit sie nicht Richtung Lahnmündung abtrieben.

Sie hatten noch nicht die Mitte des Flusses erreicht, als der Jägerbursche unmittelbar vor dem

Bug des kleinen Schiffes aus einer der höchsten Wellen eine wahrhaftige Nixe auftauchen sah. Während der Jägerbursche schon das umgehängte Gewehr anlegte, stieg die Nixe hoch aus der Welle und zeigte sich ihm in ihrem ganzen Liebreiz. Ja, es sah gerade so aus, als kämmte sie sich, wie weiter flussaufwärts die Lore Lay, ihr langes Haar.

„Ich sehe sie! Ich sehe sie", rief der Jägerbursche laut seinem Freunde zu, der mit allen Kräften ruderte, um die Nixe zu erreichen. Aber das kleine Schiff kam gegen die Strömung kaum von der Stelle. *„Schau doch, schau, wie lieblich sie aussieht, wenn sie ihr schönes langes Haar kämmt!"* – Der Jägerbursche erhob sich im Bug des Schiffes, so dass das Boot zu schwanken begann. Er legte das Gewehr an und feuerte auf die Nixe: *„Ich will sie schießen"* rief er wie von Sinnen.

Und bevor sein Begleiter ihn daran hindern konnte, feuerte er mehrere Male auf die Nixe. Aber die Nixe war längst untergetaucht und wie vom Schuss oder vom Schlagen einer

Schwanzflosse, wir wissen es nicht, schäumte das Wasser unter dem Bug des Bootes so hoch auf, dass es zischend das Gesicht des Jägerburschen traf.

„Oh, Fritz," rief der Freund dem Jägerburschen noch zu, *„das hättest Du nicht tun dürfen! Du hättest nicht auf die Nixe schießen dürfen. Sie tat Dir kein Unrecht."*

„Sei still, ich muss zu ihr, wenn sie noch einmal aus der Welle steigt," gab Fritz wie von Sinnen zurück.

Sein Freund, wohl ein wenig älter und klüger, fürchtete zwar, er könnte nichts ausrichten, aber er warnte den Fritz dennoch einmal eindringlich: *„Weißt du nicht, dass diejenigen, die die Nixenfeen beleidigen, stets bestraft werden. Lass sie endlich Ruhe! Sie haben dir doch nichts getan."*

Der Jägerbursche antwortete nicht, er heftete seinen Blick wie gebannt auf das aufgewühlte Wasser des immer weiter ansteigenden Flusses, als ob die feenhafte Erscheinung des Fabelwesens im Glitzern der gerade aufgehenden Morgensonne auf den schäumenden Wellen noch gegenwärtig sei.

In einem unbändigen Verlangen wurde sein Blick wilder und wilder. Wie besessen starrte er auf den flüssigen Spiegel. Sein Freund begann kräftiger zu rudern und mühte sich, das Ufer zu erreichen. Aber es war ihm, als brächte er das Boot nicht mehr von der Stelle. Und immer mehr glaubte er – mit dem abergläubischen Gefühl seiner Zeit – dass sie beide ein vergeltendes Gericht aus den Händen des verletzten Wassergeistes empfangen würden.

Da rief Fritz plötzlich: *„Sieh, sieh! Sieh doch, sie steigt wieder aus der Tiefe zu uns auf. Sie hat ihre wunderschönen goldenen Locken gekämmt. Oh, wie schön sie aussieht! Sieh doch, wie sie winkt, sie winkt mich zu sich – ich komme, ich komme…“*

Bevor der Freund ihn fassen konnte, war der Jägerbursche wie blind in den Fluss gesprungen. Ein erstickter Schrei, ein unterdrückter Ruf, ein gurgelnder Laut war alles, was der Freund noch hören konnte, als der Jägerbursche in den Fluten versank.

Erst am dritten Tag wurde sein Körper unterhalb der Lahnmündung an Land gespült. Fischer fanden ihn und man erzählte, er habe das Gewehr, mit dem er auf die Nixe geschossen hatte, noch fest an seine Brust gepresst.

Man habe kaum glauben können, dass er tot sei, denn es habe tatsächlich so ausgesehen, als ob er selig schliefe...

neu erzählt von Ulli Biere, Brey

un su hon mer frühjer en Breij geschwätzt...

Dä Jäjerbosch Fritz kann der Nix net widderstiehn

Dä Fritz un en annere Jung ous em Dorf wollde met em Nache off die anner Seit fohre, om do em Wald zu jaache. Früher gof et noch kane Jachtschein oder en Jachtpächter.

Früh morjens on em worme Sommerdach sen se also üwwergesetzt, öm dann sich de ganse Dach im Broubacher Wald dat Rechdische ze schieße. Dä Freund hot gerudert und dä Fritz hot met seinem Gewehr vonne gesetzt. Off eimo schraid dä Fritz, su Mette off em Rhein: *"Do unne es die Nix, ich siehn se ganz genau!"* – Wat micht dä? Dä höllt dat Gewehr, läht et on die Schöller, on schaid: „*Ich siehn se ganz genau, ich siehn se. Komm her*“, ruft dem Annere zu: „*Komm guck hei.*“ – Äh woh fruh un hot wieder geschrait: „*Guck e mo, wie schün die es un wat die schüne Hoo hot, Ich schieß die jetzt!*“

Bevor dä Freund inn doron hinnere konnt, schießt dä tatsächlich. Awer dä Schuss ging donewer. „*Dat konnste net mache, do off die Nix schieße. Se hot dier doch gonix gedohn. Un wär die Fee beleidigt, dem widderföhrd nix Gutes, dä wierd ärjendwann mo doflüer bestroft.*“

Dä Fritz hot nix gesoht, dä wo muxmäusjes stöll un hot gebannt off die Owerfläch vom Wasser geguckt, su als ob die märchenhafte Gestalt im Glitzere von der Morjensonn gejewättich ze siehn wär. Dat wo für dä Freund schon komisch, wie dä Fritz off dat Wasser gestiert hot, ömmer weller on ömmer verröckter, Wie besesse wor e.

Dä Ruderer holt aus on läht sich en die Rieme, ängtslich hot ä sich bemüht, om on et Breijer Ufer zu komme. Denn dä woh dovon üwwerzeucht: Dat Ganze gieht net gut. Un dä Geist, die Nix, besser gesoht, die wierd sich räche.

„*Guck, guck*", rüft dä Fritz off eimo, „*se steit ous em Wasser, on guck doch e mo, wat die schüne Logge hot un wie schün die aussieht! Und guckk jetz mo genau hinn, die heft sich, die schwebt un winkt mir, dat ich bei se komme soll. Ich giehn, ich giehn!*"

Bevür seine Freund inn packe uin festhalle konnt, wo e schon en de Rhein gesprunge. Et hot gegorjelt, en ersteckende Schrai un dann noch en unneerdröckter Ruf – dat wo alles, wat ä noch von sich gov…

Om dredde Dach es seine Körber on et Land gespült wohre, ebbes owerhalef vom Schorfe Torm.

Dat Gewähr, met dem ä off die Nix geschoss hot, hot ä fest on sei Brost gedröckt. Un en seinem Gesicht konnt mer e Lächele siehn. Äh hot ausgesiehn, als ob e schlofe, däht un net, ols ob äh dud wäh.

in Breyer Mundart erzählt von Werner Müller, Brey

Die drei Tanzburschen folgen der Nixe ins Wasserschloss

Die Sage von den drei Tanzburschen lässt jenen zwittrigen Wassergeist, die Nixe, in vielfältigen Formen erscheinen. Er ist allgegenwärtig und gleichzeitig unendlich teilbar, hat also in der Tat Fähigkeiten, die nur übermenschlichen Wesen zugesprochen werden können.

Eines Tages, als die Bewohner des Dörfchens Brey, die immer zum Feiern aufgelegt waren, aus Dankbarkeit für die noch rechtzeitig vor den großen Herbststürmen glücklich eingebrachte Ernte wieder einmal ein ländliches Fest feierten - es mag wohl unserem heutigen ‚Erntedankfest' ähnlich gewesen sein, wurde wohl allerdings nicht in der Kirche, sondern fein lustig auf dem Dorfplatz, dem Anger, wie man früher sagte, gefeiert - , zeigten sich gegen Abend, als auf dem Dorfplatz die Musik gerade zum Tanz aufspielte und das muntere Treiben auf der Dorfwiese immer ausgelassener wurde, unerwartet drei hübsche junge Mädchen, die noch niemals jemand im Dorf gesehen hatte. Sie sahen sich alle drei so ähnlich, dass man glauben mochte, sie wären nicht nur Geschwister, sondern gar Drillinge: Alle drei waren nicht nur von gleichem Aussehen, sondern offensichtlich auch im gleichen Alter. Nicht nur ihre zarten Gesichter und ihre zarte Gestalt vermochten die Tanzenden zu bezaubern, sondern auch ihre Kleidung und ihre ganze festliche Aufmachung versetzten die Festbesucher in Staunen und Bewunderung.

Wo kamen die drei Schönen bloß her? Wer waren sie? Niemand im Dorf hatte sie je gesehen, dass er das Geheimnis hätte lüften können. Von Kopf bis Fuß in Weiß gekleidet, Girlanden aus Blumen ins goldene Haar geflochten, wie es noch nie jemand gesehen hatte, erschienen die drei Unbekannten so strahlend schön, aber zugleich auch so eigenartig fremd, dass man fast hätte meinen können, sie wären nicht von dieser Welt.

Und tanzen konnten sie, dass es manch einem den Atem verschlug: Sie suchten sich als Tanzpartner natürlich auch nicht irgendwen, sondern wählten die schönsten jungen Männer aus dem Dorf, die nach der schweren Arbeit am Tage für den Tanz ihre frischen weißen oder bunt karierten Hemden angezogen hatten. Einer trug sogar ganz frech einen schon ein wenig schief sitzenden Hut aus Stroh mit einer Feder, der eigentlich bei der Feldarbeit gegen die Sonne schützen sollte.

So wurde gesungen und getanzt und die Zeit verging so schnell, dass man es nicht glauben wollte, dass der Glockenschlag der nahgelegenen kleinen Kapelle die Feiernden gegen Mitternacht ermahnte, für den nahenden neuen Arbeitstag auf dem Felde vielleicht doch noch ein wenig Kraft im Schlaf zu sammeln.

So machten sich die Feiernden nach und nach auf den Heimweg. Aber, wie es nicht nur die Höflichkeit gebot, baten die jungen Tänzer ihre schönen Tänzerinnen inständig, sie begleiten und zu dieser späten Stunde doch nach Hause bringen zu dürfen.

Was sollte man dagegen sagen: Drei schöne Mädchen, mitten in der Einsamkeit der dunklen Nacht? Das war schon damals nicht ungefährlich. Da sollte eine männliche Begleitung zum Schutze doch wohl mehr als angebracht sein.

Aber die drei Mädchen wollten sich zunächst ganz und gar nicht darauf einlassen, so inständig sich ihre drei jungen Tanzpartner auch als Begleitung anboten. Die älteste von ihnen, auf die die beiden Schwestern wohl zu hören schienen, sprach in entschiedenem Ton, so als dulde sie keinen Widerspruch: *„Nein und nochmals nein, es kann nicht sein, es darf nicht sein!“*

„Doch, doch“, wandten die jungen Tänzer ein, und führten die späte Stunde und die Einsamkeit der nächtlichen Wege an, um die Erlaubnis zu erlangen, die Mädchen begleiten zu dürfen.

Abermals verwehrte die älteste der drei Mädchen den Tanzburschen die Bitte: *„Es kann nicht* *sein. Ihr wisst nicht, woher wir kommen und wir werden dorthin gehen, wohin ihr uns auf keinen Fall folgen könnt. Glaubt es uns – bleibt, wo ihr seid!"*

„Es geht einfach nicht, es geht nicht", echoten die beiden anderen in einem beschwörenden düsteren Tonfall.

Als hätten sie die Ernsthaftigkeit der Weigerung, die die Mädchen in einem so feierlichen Ton vorbrachten, endlich begriffen, zogen sich die drei Tanzburschen dann tatsächlich zurück und ließen die Mädchen allein gehen.

Aber wie so oft, musste einer der drei Burschen, ein wenig kühner oder nur neugieriger als die beiden anderen, sich beweisen. Gerade als die drei Mädchen allein aufbrechen wollten, gab er sich fest entschlossen, ihnen folgen zu wollen:

„Koste es, was es wolle", rief er den beiden anderen Burschen zu, *„ich will doch wirklich sehen, wer und was sie sind, die drei Schönen, wo sie hingehen werden und wo sie wohnen!"*

Mit seiner Kühnheit spornte er die beiden anderen wiederum an, die sich das nicht zweimal sagen ließen. Und schon liefen alle drei Tanzburschen hinter den drei Schwestern her, als diese sich gerade schnell davonmachen wollten.

So folgten sie ihnen bis hinunter zum Rhein, bis ans Ufer des Flusses.

Was aber sahen sie da? – Die drei fremden Mädchen liefen tatsächlich schon ein ganzes Stück leichtfüßig über die glitzernde Wasseroberfläche des Rheins; sie konnten es genau sehen, denn der kräftig leuchtende herbstliche Vollmond, bei dem man schon den schnellen Rückzug der Mädchen gut hatte verfolgen können, leuchtete auch unten am Fluss immer noch mit der gleichen Kraft.

Auch die drei fliehenden Mädchen schienen bemerkt zu haben, dass die drei Tanzburschen ihnen gefolgt waren. Sie blickten zum Ufer zurück und schienen sie freundlich zu sich heranzuwinken.

Wie berauscht, nicht nur vom Wein aus dem Breyer Hämmchen, der bei dem ländlichen Fest ausgeschenkt worden war, sondern ungleich mehr von der magischen Anziehungskraft, die die drei Schönen auf sie auszuüben schienen, schritten die jungen Männer auf die trügerische Wasseroberfläche, die sie zunächst zu tragen schien, als wäre sie festes Eis.

Bald erreichten sie, fast schon in der Mitte des Stromes, die Stelle, wo die Mädchen mit offenen Armen und strahlenden Augen auf sie zu warten schienen. Voller ungestümer Leidenschaft stürzten sie im Wasser voran, die Mädchen zu umfangen und voller Verlangen an sich zu drücken.

Aber – der Erzähler weiß es wohl ebenso wie die Leser – die Schönen waren nur Trugbilder der Einbildungskraft der jungen Männer. Als sie die Stelle im Fluss erreichten, wo die Mädchen sie zu erwarten schienen, lösten sich die schönen Bilder in Luft auf. Die unglücklichen Jünglinge sanken in die Tiefe und wurden nie mehr gesehen.

Sie wurden, wie man sich noch lange in Brey erzählte, Opfer der beleidigten Nixen...

Am nächsten Morgen sah man nur noch drei blutrote schmale Streifen, die sich von der Mitte des Flusses bis zum Ufer zogen, und von der schrecklichen Katastrophe zeugten.

Und noch Jahre danach, immer am Jahrestag dieses schrecklichen Ereignisses, färbten sich drei Streifen in der Mitte des Flusses rot und keine Strömung konnte sie an diesem Tag mit sich forttragen.

neu erzählt von Ulli Biere, Brey

„Sie wurden von Stürmen verweht und von Regen gewaschen, doch nichts konnte das Blut fortnehmen."

...und noch einmal in Breyer Mundart

Die zweite Sage, die mir euch verzehle wolle, zeicht, dat dä Geist en villerlei Gestalde offdrehde düht. Die Üwwerschreft heißt:

Die drei Danzbosche folje dä Nix en net Wasserschloss

Et muss wohl Kerems gewese sein, denn et war em August on dä Ernn wor engeholt, Die Breijer hon gefeiert un off der der Dorfwiss om Linnebamm hot die Mussig gespillt.

Off einmo erscheine drei junge, schün aussehende Mädcher off der Wiss. Die Mädcher wore su ahn Alder, etwa 17, 18 Johr un se hadde su ziemmlich dat gleiche Aussiehn. Et wore wunderschüne Erscheinunge, un jeder hot no denne geguckt. All hatten se e weiß Kleid ongehat un dat goldene blonde Hoor wor gefleecht un en dänne Zöpp hatten se Blume rengebunne. Se wore su schühn un se hon gestrahlt wie noch nie en Breij en Frau gestrahlt hot.

So schün se wore, so fremdartisch woren se awer uch. Se hon uch gedanst on alle drei hon sich an von denne schünste Bosche ausgesucht. Schnell wo die Zeit erömm. On als dä Naachtwächter 11 Uhr bekannt gewe hot, wollde die Mädcher giehn. Die Junge hon dann gebedelt, dat se se doch unbedingt heimbrennge dürfde. Et wär doch schon späth on mer wößt doch net, wat sich all su off der Stroß noch römtreiwe tät.

„Es kann nicht sein“, soht dat ahne Mädche en feiner Sproch un dat wohl üwwer die annere ze bestemme hadd, „es kann leider nicht sein.“

„Wir kommen, von wo ihr nichts wisst; wir gehen, wohin ihr nicht folgen könnt. Lasst euch überzeugen: Bleibt hier!" – Nä, dat däref net sein, dat kann net sein", hon die Breijer Junge dann gesoht, „mir wolle met giehn."

Awer wie die Mädcher dat ganze gesoht hadde on wie alles off die Junge gewirkt hot – do hon se doch engesiehn, dat et kahne Zweck gehadd hot, weider ze bedele. All hon se sich unner de Kierschebamm gesetzt on ous Kummer on Trauer vill Wein gedronke. Nur ahner, däh wo mutiger on neugierier: „Egal wat et kost. Ich wel siehn, wer die senn, wat se senn, wohinn se giehn on wo se wohne. - Jetzt hon sich uch die annere entschloss, denne Mädcher hinnerher zu spüre. Se ginge die Breijer Gass runner bis on de Rhein. - On dann hon se ebbes gesiehn, dat konnten se gonet glawe. Die Mädcher senn tänselnd üwwer die Wasserfläch gange. Un die Mädcher hon die Junge om Ufer uch gesiehn, denn se hon zeröck geguckt un sogar herbeigewunke.

Jetzt wohre die Junge wie berauscht on unheimlich leidenschaftlich. Se sen ont Wasser gange on et sah su aus, als ob dat Wasser se trien däth. Se sen üwwer die trügerische Wasserfläch vom Rhein gange, als däh ob zugefror wär. Bahl hadden se die Stell erreicht, wo die Mädcher met offene Orme gestanne hon.

All gingen se vorwärtz on wollden die Mädcher umarme on on sich drögge. Awwer Achdung! Die Druuchbilder von ihrer Einbildungskraft hadden sich offgelöst on die unglöggliche Jünglinge senn en der Tiefe vom Rhein versackt. Nie senn se widder offgestiehe. Se senn e Opfer von denne beleidichte Nixe wohre.

Drei bludigrude schmohle Streife, von dä Medde vom Rhein bis on et Ufer, dat wo alles, wat om nächste Morije von dä schlemme Katastrof ze erkenne wor. Noch Johre donoh, ömmer om gleiche Dach, wo dat Ereichnis passiert es, woren die drei rude Streife em Rhein ze siehn.

in Breyer Mundart erzählt von Werner Müller, Brey

Der reiche Weinbauer folgt seinem Sohn ins Wasserschloss der Nixe

Von der gleichen traurigen Art ist die folgende Sage. Auch wenn uns ein Wasserschloss noch so verlockend erscheinen mag, sollten wir uns vielleicht doch mit dem herrlichen Blick auf die Marksburg begnügen, von dem wohl schon Heinrich Heine, in seinem Schiffchen auf dem Weg in seine Geburtsstadt Düsseldorf, schwärmte.

Ein reicher Weinbauer im Ort hatte einen Sohn, ein Jüngling im Alter von vielleicht 14 oder 16 Jahren, der für einen Mann so außergewöhnlich schön war, dass man fast nicht glauben mochte, dass er das Kind eines Bauern war. Aber jeder wusste, dass seine Mutter eine überaus tugendhafte Frau war, so dass ihn niemand im Dorf für das Kind eines anderen halten mochte.

Weil sein Sohn von so zarter Gestalt war, sah sein Vater wohl ein, dass er nicht für die harte Arbeit im Weinberg geboren war. So brachte er ihm jedes Mal, wenn er in die nahegelegene Stadt Koblenz fuhr, um Wein auszuliefern, einige Bücher mit, die er in der dortigen Buchhandlung erstand.

Mit seinen Büchern blieb der junge Mann oft sich allein überlassen, während der Vater im Weinberg oder im Keller zu tun hatte. Denn die Mutter des Jungen war zu allem Unglück bei seiner Geburt verstorben, so dass sich niemand wirklich um ihn kümmerte.

So entfaltete er bald eine ausufernde Phantasie, die kaum mehr im Zaum zu halten war, zumal sie durch immer neue Bücher immer neue Nahrung bekam, so dass der junge Mann eher zu einem ausgesprochenen Träumer heranwuchs, der in seiner eigenen Welt zu leben schien, als dass er zu einem gestandenen Weinbauer, wie sein Vater es war, werden sollte.

Die Tage verbrachte er oft am Ufer des nahen Flusses, wo er sich zur Sommerszeit gern auf dem grünen Rasen ausstreckte und seinen Träumen nachhing.

Wovon er träumte, wenn über die glitzernde Oberfläche des Rheins bis zur anderen Seite nach Braubach blickte, kann man sich gut vorstellen: Immer wieder sehnte er sich nach jenen schönen fremden Wesen, die unter der Oberfläche im Wasser wohnten, vielleicht sogar in einem wahrhaftigen Wasserschloss.

So lebte er in einer wenn nicht behüteten, so doch beschaulichen Kindheit bis er zu einem jungen Mann herangereift war.

Aber auch in seiner Jugend und in seinen jungen Mannesjahren verbrachte er die Nachmittage immer noch gern am Ufer des Flusses, der im Sommer so gemächlich Richtung Lahnmündung floss, dass man geradezu ein Bad darin hätte nehmen mögen.

Eines Tages, als sich der junge Mann wieder einmal gemütlich am Ufer des Rheins niedergelassen hatte, erblickte er plötzlich, ihm genau gegenüber in der Mitte des Flusses, ein überirdisch schönes Geschöpf, eine weibliche Gestalt von unglaublicher Anmut, die aus der glitzernden Oberfläche des Wassers emporzusteigen schien.

Gänzlich unbekleidet, kämmte sie, wie die Lore-Lay, auf einem Felsen sitzend, ihr langes gelocktes Haar, das im Sonnenschein golden glänzte. Sogleich schlug des Jünglings Herz wie es höher nicht hätte schlagen können und er konnte seinen Gefühlen kaum mehr Einhalt gebieten.

So eigenartig die Erscheinung mitten auf dem Wasser auch sein mochte, er wurde trotz aller Fremdheit von diesem wundersamen Geschöpf wie durch einen geheimen Zauber angezogen. Sofort sprang er auf und streckte begehrlich die Hände nach diesem bezaubernden Wesen aus.

Das schöne Mädchen in der Mitte des Flusses schien einen Augenblick wie verwundert, ihr liebliches Gesicht verzog sich ein wenig, wie vor Erstaunen, dann blickte sie mit gekräuselter Stirn dem jungen Mann unumwunden ins Gesicht.

Man hätte sich wohl kaum entscheiden können, ob die in diesem Gesichtsausdruck sich spiegelnde Empfindung aufrichtig oder nur gespielt war.

Aber es war wohl nur ein Anflug von Unentschiedenheit, der sich kurz in ihren Zügen gezeigt hatte. Denn einen Augenblick später entspannte sich ihr zartes Gesicht und sie lächelte den jungen Mann so vielsagend an, wie es wohl nur Wonnegeister zu tun vermögen.

Mit einer vertraulichen Gebärde, gerade so als wünschte sie den jungen Mann näher bei sich zu haben, winkte sie ihn – war es nur ein Necken oder Ernst? - zu sich in die Mitte des Flusses. Die wahre Glückseligkeit des Jünglings konnte wohl größer nicht sein: Er wurde tatsächlich – anders wollte er es durchaus nicht verstehen – von einem der schönsten Wesen der Wasserwelt *geliebt.* So schienen ihm in diesem einen Moment alle seine Wünsche erfüllt und ohne zu zögern stürzte er sich in die Fluten des Flusses, um das geliebte Wesen endlich in den Armen zu halten.

Aber wir haben es schon geahnt – kaum war er ein Stück weit, fast bis zur Mitte die Mitte des Stroms, geschwommen, wurde er von den Fluten verschlungen, wie ein lang erwartetes Festmahl für alle ewig hungrigen Wassergeister.

Über der Stelle, wo er versunken war, kräuselten sich sanft die Wellen: Nie wieder würden sie ihn freigeben, niemals.

*

Von diesem traurigen Tag an kannte der bejahrte Vater weder Glück noch Hoffnung: Er wurde immer schwermütiger, bestellte selbst seinen Weinberg nicht mehr, bis sein ansehnlicher Besitz immer mehr herunterkam und schließlich fast dem Verfall preisgegeben schien.

Jeden Tag aber ging er zu dem unglückseligen Ort, an dem sein Sohn ums Leben gekommen war. Das ihm fast endlos erscheinende Jahr hindurch verbrachte er oft vom frühen Morgen bis zum späten Abend viele Stunden am Fluss. Lange saß er am flachen Ufer, das noch nicht wie heute mit großen Steinbrocken geschützt war; durch den Wechsel der Jahreszeiten, den ganzen Tag hindurch von der aufgehenden Sonne bis in das Dunkel des Abends.

Je mehr Zeit er so verbrachte, umso mehr glaubte er, sein Sohn lebe noch, und die Nixe hätte ihn nur in ihr Wasserschloss geholt, damit er ihr in der Einsamkeit in der Tiefe des Stromes ein wenig Gesellschaft leiste. Wie besessen von dieser Vorstellung, konnte ihn nichts auf der Welt davon abbringen: Weder seinen Freunden noch seinen Nachbarn im Dorf gelang es, ihn von seinem Wahn abzubringen. Ganz so, all wolle er einfach nicht getröstet werden.

*

Als sich der Tag jährte, an dem er seinen Sohn verloren hatte - es war ein herrlicher Nachmittag im schönsten Sommer - saß der Alte wieder einmal unglücklich am Fluss, so voller Gram, wie es nur ein Vater sein kann, der sein Kind in der Blüte der Jahre für immer verloren hat. Drei Jahre waren nun vergangen seit dem unvorstellbaren Unglück, aber der Schmerz im Herzen des betrübten Vaters wollte nicht nachlassen.

In all seiner Hoffnungslosigkeit und Bitternis begann er laut zu weinen: Die Tränen rannen wie kleine Bäche über sein fahles Gesicht, das er hinter seinen Händen verbarg. Die grauen Strähnen seines dünn gewordenen Haars hingen ihm in die Stirn. Doch als er so weinend am Ufer des Flusses saß, war es ihm plötzlich, als hörte er Stimmen flüstern, die sich unter sein Herz zerreißendes Schluchzen mischten. Sogleich glaubte er, die Stimme seines lang ertrunkenen Sohnes zu erkennen; er horchte angestrengt zum Wasser hin, aber nun schwieg die Stimme wieder. Nichts war mehr zu hören als der sanfte Ton eines ihm unbekannten Instruments, das fast wie ein reines

Silberglöckchen klang, wie man es vor Jahren im Silberbergwerk im gegenüber liegenden Braubach geschmiedet hatte.

„Mein Junge, meine Junge, mein einziges Kind", rief er aus, *„oh, mein verlorenes liebstes Kind! Bitte sprich noch einmal zu mir, sprich und sag mir, dass du noch am Leben bist. Nur: Sag mir etwas, irgendetwas!"*

Im selben Augenblick verstummte das Silberglöckchen. Aber seinem Klingen folgte ein Ton, der in den Ohren des Alten, der sein Kind nun endgültig verloren glaubte, noch süßer klang.

Wieder hörte er die feine Stimme seines geliebten Sohnes: *„Ich lebe, mein Vater"*, sprach die Stimme aus den ‚Tiefen der tödlichen Flut' in einem gut vernehmlichen Ton, *„ich lebe in den Tiefen des Wassers, ganz unten im Fluss. Aber für die Welt der Lebenden bin ich für immer verloren. Sorge dich nicht um mich. Denn jede Träne, die du weinst, legt sich schwer wie Blei auf mein Herz. Also sorge dich nicht um mich, sei aber auf der*

Hut vor dir selbst! - Bis sich jemand findet, der anstatt meiner freiwillig sein Leben opfert, werde ich hier unten gefangen bleiben. Aber der erste, der sich findet, befreit meine Seele von den Banden und ermöglicht es ihr, aufzusteigen in die lichten Höhen, wo man Sünde ebenso wenig kennt, wie den Kummer. Nur noch einmal wirst Du mich sehen können. Pass auf!"

Kaum waren seine letzten Worte verklungen, entstieg die schöne Gestalt des ertrunkenen Jungen noch einmal dem Wasser und zeigte sich den Augen des niedergeschlagenen Vaters wie auf der Oberfläche des Wassers schwebend. Sein Gesicht so bleich, wie das eines Geistes, so elend und traurig sah es aus, als hätten die immer hungrigen Wellen mit ihren weißen Zähnen schon lange ihren ewigen Hunger an ihm gestillt.

Es war jedoch wirklich nur dieser einzige Augenblick, in dem es dem alten Vater vergönnt war, seinen Sohn noch einmal zu sehen. Unmittelbar danach verschlangen die Wellen die Erscheinung und erneut blieb der Vater in all seiner Trauer allein und einsam am Ufer zurück:

„Sei es im Leben oder im Tod, im Wohl oder im Ungemach", rief der Alte, wie verrückt geworden, *„wir sollen nicht noch einmal getrennt werden; wo immer Du hingehen musst, will ich auch hingehen: Dein Zuhause soll auch mein Zuhause sein, Dein Gott mein Gott! Um keinen Preis will ich Dich noch einmal verlieren."*

So sprach er und stürzte sich in die nun wieder ganz ruhig auslaufenden Wellen, die über ihm zusammenschlugen, als wollten sie ihn sanft umfangen. Nur ein leises Gurgeln des Wassers war zu hören, während sich die Wasseroberfläche sanft kräuselte und die Tiefen des Stromes erneut verschloss.

Nie wieder wurde er von irgendjemandem gesehen.

Aber eines war gewiss: Einzig im Tode konnte er wieder mit seinem Sohn vereint sein.

neu erzählt von Ulli Biere, Brey

Der Abt von Sponheim klärt die Braut auf

Und nun folgt die letzte, Jahrhunderte später spielende Breyer Nixensage, wie sie Snowe auf seiner Rheinreise in Brey im 19. Jahrhundert erzählt bekommen und uns in seinem Buch schriftlich überliefert hat.

Jahrhunderte nach den Ereignissen, von denen die vorangegangenen Nixen-Sagen erzählen, aber immer noch vor sehr, sehr langer Zeit, wird von einem jungen Mann aus der benachbarten Stadt Rhens berichtet, der mit einem Mädchen aus Brey verlobt war. Der Tag der Hochzeit war übereinstimmend und mit ausdrücklicher Billigung durch die Verwandtschaft von beiden Seiten festgelegt worden.

An dem für die Hochzeit vereinbarten Tage wartete die Braut, festlich gekleidet am Altar der kleinen Kirche, bereits voller Ungeduld auf ihren

Bräutigam. Sie wartete jedoch vergeblich. Er erschien einfach nicht.

Man kann sich leicht vorstellen, wie entrüstet, ja wütend, die Braut war, von ihrem Bräutigam derart enttäuscht zu werden. Als sie jedoch drei Tage nach dieser Enttäuschung immer noch nichts von ihrem Bräutigam gehört hatte, war sie schließlich mehr als beunruhigt, wie auch ihre Freunde und Verwandten, die ebenfalls überall vergeblich nach ihm gesucht hatten. Er war einfach nirgendwo auffindbar.

Die ganze kleine Stadt Rhens und auch der kleine Ort Brey, wo die Trauung hätte stattfinden sollen, waren voller Sorge um den jungen Mann. Denn wie in solch kleinen Gemeinden üblich, war er bei allen gut bekannt und mit vielen auch verwandt. Überdies war er bei den meisten Einwohnern auch sehr beliebt.

Schließlich sagte das Mädchen zu ihrer Mutter: *„Ich will zum Abt von Sponheim gehen; der hat*

Kontakt zu den Geistern und wird mir gewiss sagen können, wo ich Bernhard finden kann."

Die betagte Mutter des Mädchens hatte keine Einwände gegen den Plan ihrer Tochter denn sie wusste sehr wohl um die übersinnlichen Fähigkeiten des Abtes und war selbst von Herzen betrübt, dass der junge Mann einfach verschwunden war und ihre Tochter enttäuscht allein zurückgelassen hatte. Und so eilte das Mädchen zur alten Abtei von Sponheim, um den Abt dort aufzusuchen.

(Es handelt sich vermutlich um Johannes Thritemius, also Johann von Trittenheim, an der Mosel, dem späteren Abt von Sponheim in der Diözese Speyer. Er war einer der gelehrtesten Männer seiner Zeit, wurde im Aberglauben des Volkes aber schließlich als ein Magier angesehen und nur durch die Gunst des Erzbischofs vor Verfolgung bewahrt. Er verfasste zahlreiche historische, vor allem zeitgeschichtliche Werke.)

Der ehrwürdige Abt war gerade in seinem Studierzimmer beschäftigt, als das unglückliche Mädchen zu ihm hereingeführt wurde. Er bat sie,

Platz zu nehmen und hörte sich ihre traurige Geschichte von Anfang bis Ende an, ohne dass er auch nur einen einzigen Augenblick unaufmerksam gewesen wäre. Auch ihr Anliegen nahm er freundlich zur Kenntnis und versprach, ihr von ihrem Liebsten zu berichten, noch bevor sie die Abtei verließe.

„Komme um Mitternacht zu mir", sagte er, *„es ist schon Abend und die Glocke hat bereits zur Vesper geläutet. Geh du inzwischen in die Kapelle unserer Abtei und bete dort, bis es Mitternacht ist. Ich werde dich rechtzeitig holen lassen."*

Das Mädchen tat, wie es der Abt ihr aufgetragen hatte, und verbrachte die ganze Zeit bis Mitternacht im Gebet.

Als die Mitternachtsglocke endlich durch die Hügel des Hunsrücks hallte - ihr Schall war weit über Berg und Tal zu hören - bat eine feine Stimme, wie die eines unsichtbaren Wesen, sie, aufzustehen und ihr in das Zimmer des Abtes zu folgen.

So machte sie sich auf, während der Geist ihr den Weg wies. Denn ein Geist musste es wahrlich sein; sie war sich dessen ganz sicher, denn ihre Haare sträubten sich in seiner überirdischen Gegenwärtigkeit.

Der Abt war allein; er bedeutete ihr einzutreten, bat sich mit einer Handbewegung gleichzeitig Ruhe aus und forderte sie auf, Platz zu nehmen.

Mitten in der dämmrigen Kammer stand ein runder Tisch, der mit einem schwarzen seidenem Tuch bedeckt war. Darauf waren die Umrisse verschiedener unbekannter Tiere zu erkennen. Nun nahm der betagte Abt eine glänzende Kristallschale aus einem alten Schrank und stellte sie mitten zwischen diese seltsamen Kreaturen auf das schwarze Tuch. Dann breitete er über den Rand der Schale ein weißes Seidentuch und legte schließlich eine glänzende Kugel hinein, die wie geputztes Silber aussah.

Das Mädchen sah all dies mit Verwunderung, es bereitete ihr aber auch ein wenig Angst, die allerdings durch das, was dann geschah, nur noch größer wurde: In eine bronzene Pfanne, die auf einem eigenartig geformten Dreifuß stand, warf der Abt immer wieder verschiedene geheimnisvolle Zutaten, während er dabei seltsame, für das Mädchen vollkommen unverständliche Beschwörungsformel vor sich hin murmelte. Und immer dann, wenn das Feuer gerade wieder aufflammte oder ein Wölkchen schwarzen Rauchs sich darüber kräuselte, blickte er beunruhigt in die glitzernde Kugel, die er in die Schale gelegt hatte.

Endlich aber schien alles getan, um den Zauber glücklich zu Ende zu führen, denn er rief das Mädchen herbei und bat sie, in die Kugel zu schauen.

„Was siehst Du?“ fragte es sie in einem herzlichen Ton.

„Ich sehe,“ antwortete sie, *„ich sehe meinen Liebsten, meinen über alles geliebten Bernhard, wie er am Ufer des Rheins entlangspaziert. Da ist tatsächlich Brey zu erkennen – schau nur, er starrt auf den Fluss und jetzt legt er seine Kleider ab!*

Warum macht er das? Will er tatsächlich im Fluss ein Bad nehmen? – Und schau, da bin ich in meinem kleinen Zimmer, wie ich mich zurecht mache, um in der Kirche vor den Traualtar zu treten. Seht doch! Jetzt stürzt er ins Wasser!"

Bei diesen Worten verdüsterte sich ihr Blick derart, dass die Dunkelheit den ganzen Raum auszufüllen schien, so dass fast nichts mehr zu sehen war. Unterdessen begann der alte Abt erneut mit seinen Beschwörungsformeln und wie durch eine geheimnisvolle Kraft wurde es wieder hell im Zimmer.

„Und was siehst Du jetzt?" fragte er in dem gleichen zu Herzen gehenden Flüsterton wie zuvor.

„Ich sehe", entgegnete das Mädchen nun, *„ich sehe... - oh mein Gott!"* Und sie seufzte so tief, dass sie kaum weitersprechen konnte, *„mein Gott, ich sehe Bernhard, aber jetzt ist er tief unten im Fluss und liegt auf einer Asphadelos-Wiese; sein Kopf ruht im Schoß einer Fee... Wie schön sie aussieht, wie viel schöner als ich."*

(Asphodill, auch Affodill, ist ein weißblühendes Liliengewächs mit fleischig saftigen, essbaren Knollen. Mit ‚*Affodillwurz*' wird auch die gelbe Narzisse bezeichnet. Das griechische Altertum kannte die Aphadeloswiese in der Unterwelt.)

Von Neuem wurde es dunkel im Zimmer, dann aber wurde es wie durch die magischen Kräfte des Abtes wiederum hell: *„Was siehst Du jetzt?"* fragte er in der gleichen Stimmlage wie zuvor.

„Nichts", antwortete sie, *„ich sehe überhaupt nichts; alles ist weiß und leer."*

„Dann ist das Spiel nun vorbei", sprach der Abt schließlich. *„Geh in Frieden. – Dein Liebster hat in den Armen der Nixe gelegen, Du wirst ihn niemals wieder lebend sehen"*.

Mit gebrochenem Herzen wollte sich das Mädchen schon davonstehlen, als der Abt sie zurückrief, kaum dass sie die Tür erreicht hatte.

„Hier," sagte er freundlich und reichte ihr ein kleines Päckchen mit geheimnisvollen Pulvern: *„Hier, nimm diese. Und wenn der Morgen des*

übernächsten Tages naht, mache dich mit der Lerche auf beim ersten Morgengrauen und gehe unmittelbar zum Flussufer. Auf der Oberfläche das Stroms wirst Du viele weiße Flecken sehen, die Dir wie Schaum auf dem Wasser erscheinen werden. Wirf den Inhalt des Päckchens auf die erste Schaumkrone, die Du erreichen kannst, und warte ab, was geschieht. - Geh in Frieden und mit Gottes Segen!"

So verließ sie den Abt und erreichte am nächsten Morgen ihr Zuhause, erschöpft und voller Sorge, denn der Schmerz saß immer noch tief in ihrem Herzen.

Am Tag darauf stand sie am frühen Morgen auf und ging, wie der Abt es ihr gesagt hatte, zum Ufer des majestätisch dahinfließenden Rheins. Der Nebel hob sich langsam über dem Ufer; der Fluss strömte an ihr vorbei, so behäbig und gelassen, wie es nur diejenigen kennen, die gewohnt sind, so mächtige Wassermassen zu so früher Stunde in Bewegung zu sehen. Ein schwacher Streifen Morgenrot zog sich über die Berge des nahen Westerwalds auf der anderen Rheinseite, aber die Sonne war noch lange nicht aufgegangen; sie musste noch hinter den steilen Hängen bis über die Bergspitzen hinaufklettern, bis sie schließlich auch für die Bewohner des Oberen Mittelrheintals mit seinen fruchtbaren Ebenen und sanft ansteigenden Hängen sichtbar wurde.

Aber hoch oben in den Lüften übte schon die Lerche ihren kunstvollen Flug und sang ihr Morgenlied so fröhlich, als gäbe es auf der Erde unter ihr weder Sorgen, noch Elend und Verbrechen.

Auf den Wellen sah sie die kleinen Schaumkronen tanzen, genau wie der Abt es vorhergesagt hatte: Sie hüpften den Fluss hinunter wie kleine gefrorene Schneebällchen. Als ein großer Schaumfetzen nahe an ihr vorbeitrieb, sah sie die Gelegenheit gekommen und warf eine Handvoll des verzauberten Pulvers, das der Abt ihr mitgegeben hatte, darauf. Und als hielte der Fluss in seinem Lauf plötzlich inne, zerriss es in viele kleine Stücke und mitten heraus sprang drei Mal hintereinander ein menschlicher Körper.

Dann, wie plötzlich mit Leben erfüllt oder durch eine unsichtbare Kraft getrieben, flog der Körper ans Ufer, so dass er fast ihre Füße berührte: Es war der Leichnam ihres Geliebten! - Sie eilte zurück ins Dorf, um Hilfe zu holen. Als sie aber zurück an den Fluss kamen, war nichts mehr von dem Toten zu entdecken. Auch die weitere Suche flussabwärts führte zu keinem Erfolg.

Manche glaubten tatsächlich, das Mädchen sei wahnsinnig geworden, andere wiederum glaubten, sie habe nur geträumt, wieder andere bemitleideten sie und hatten einfach Mitgefühl mit ihr.

Bei all diesen Vermutungen ist nur eins gewiss: Sie ward nach diesem furchtbaren Tag nie wieder im Dorf gesehen, so dass die meisten glaubten, sie sei ins Wasser gegangen, um wieder bei ihrem Geliebten zu sein.

*

Leichtgläubige Klatschbasen schworen gar, das Paar genau an der Stelle im Schein des Vollmonds Arm in Arm gesehen zu haben, an der sie beide umgekommen waren.

neu erzählt von Ulli Biere, Brey

ANHANG

Im Anhang drucken wie einen kulturwissenschaftlichen Beitrag ab, den Frau Prof. Dr. Helga Arend, die an der Universität in Koblenz Deutsche Literaturwissenschaft lehrt und derzeit Gleichstellungsbeauftragte der Universität ist, in einer Publikation zur Ausstellung *„Romantik, Reisen, Realitäten. Frauenleben am Rhein"* veröffentlicht hat, die im Jahre 2002 im *Frauen-Museum* in Bonn zu sehen war.

Mit dem Nixen-Motiv beschäftigen sich u.a.:

Beßler, Gabriele: *Von Nixen und Wasserfrauen.* Köln: Du Mont, 1995.

Gebert, Helga: *Meermädchen und Wassermänner.* Weinheim/Basel: Beltz, 1989.

Stuby, Anna Maria: *Liebe, Tod und Wasserfrau. Mythen des Weiblichen in der Literatur.* Opladen: Westdeutscher Verlag, 1992.

Zur ‚Loreley' siehe auch:

Arend, Helga: „Die Loreley – Entwicklung einer literarischen Gestalt zu einem internationalen Mythos", in: Hermes, Liesel/ Hirschen, Andrea/ Meißner, Iris (Hrsg.): *Gender und Interkulturalität. Ausgewählte Beiträge der 3. Fachtagung Frauen- / Genderforschung in Rheinland-Pfalz.* Tübingen: Stauffenburg Verlag, 2002, S. 19-28.

Bürger, Gerhard: *Im Zauber der Loreley.* 2. Aufl. Oberwesel: Verlag Loreley-Galerie 1986.

Lentwojt, Peter: *Die Loreley in ihrer Landschaft. Romantische Dichtungsallegorie und Klischee.* Frankfurt a.M.: Lang 1998.

Konkurrierende Frauenbilder in den Rheinsagen

von Helga Arend

Verführerische Vamps oder unantastbare Heilige – diese beiden Prototypen finden sich in den Rheinsagen immer wieder. Der Lorelei und den sieben Schwestern, die sich einen Spaß daraus machen, die Männer ins Verderben zu ziehen, werden keusche Jungfrauen und treue, alles erduldende Ehefrauen gegenübergestellt. Die Frauenbilder des frühen 19. Jahrhunderts, die in dieser Zeit starken Wandlungen unterworfen sind, kommen in den Rheinsagen aufgrund ihres volkstümlichen Charakters besonders deutlich zur Geltung. In vielen Rheinsagen stehen Frauen im Mittelpunk; konkurrierende Idealbilder, wie eine vorbildliche Frau sein sollte, können hier für das 19. Jahrhundert entdeckt werden. Da die moralische Bewertung der Protagonistinnen eine wichtige Rolle spielt, kann an den Sagen genau abgelesen werden, welche Ideale favorisiert wurden und welche Vorstellungen verdrängt werden sollten.

Die sieben Jungfrauen mit den kalten Herzen

Die Sage von den sieben Jungfrauen bei Oberwesel gibt es in mindestens dreizehn verschiedenen literarischen Versionen: eine Prosa- und zwei Gedichtfassungen von Niklas Vogt, eine Ballade von Achim von Arnim, ein Gedicht von Christian Braun, typische Sagenformen von Aloys Schreiber und Ludwig Bechstein, Gedichte von Karl Geib, Adelheid von Stolterfoth, Karl Simrock, Alois Henninger, Wolfgang Müller und Jörg Ritzel. Der Kern der Geschichte ist schnell erzählt: Sieben Schwestern auf der Burg zu Oberwesel ziehen durch ihre Schönheit viele Freier an, die ihnen den Hof machen und um ihre Hand anhalten. Aber die Jungfrauen sind kaltherzig und entscheiden sich für keinen, was für die Männer unerträglich ist. Aufgrund ihres verletzten Stolzes und ihrer Würde büßen sie oft sogar ihr Leben ein. Die lebenslustigen Frauen werden zur Strafe in sieben Felsen verwandelt, die aus dem Rhein hervorschauen. Allen Versionen gemeinsam ist die negative Darstellung der Schwestern, die hartherzig mit der Liebe der Freier spielen. Die Autoren sind sich darin einig, dass Frauen, die sich durch die Liebe ihrer Verehrer nicht erwärmen lassen, gestraft werden müssen. Der älteste Text von 1811 stammt von Nikolas Vogt, dort kommt dieser Gedanke am deutlichsten zum Ausdruck:

Die Ritter in der Nähe und Ferne kamen zu ihrem Schlosse Schönberg bei Wesel. Sie härmten sich und quälten sich von Liebe entbrannt; aber keinem konnte es gelingen, das Herz einer davon zu rühren. Da wurde über sie das Urtheil gesprochen, daß sie so lange als Felsen in dem Rhein liegen sollen, bis sie ein Fürst heraustragen und von ihnen eine Kirche bauen würde (Vogt, Bildergallerie, S. 68).

Die Versteinerung der Frauen kommt einem Todesurteil gleich. Der Autor rechtfertigt diese unangemessen harte Strafe, indem er die sexuellen Reize der Frauen ausmalt und von den ‚Buhlerkünsten' der Jungfrauen spricht, die nackt im Rhein baden:

Von ihren Körpern strahlte Lust,
Als sie die schönen Glieder
Vom Gürtel lösten, und die Brust
Schwoll wallend auf und nieder.
(Vogt, Rheinisches Archiv, Bd. 6, Heft 9)

Die Frauen werden aus dem Blickwinkel des verschmähten Verehrers, des Ritters Willibald, dargestellt. Die Strafe wirkt aber trotz dieser perspektivischen Sicht ausgesprochen heftig, zumal die Jungfrauen kein Verbrechen begehen, sondern nur mit ihren Reizen spielen und den jungen Mann auslachen. Doch indem die Frauen so hart wie Fels charakterisiert werden, leitet Vogt die Versteinerung als eine logische Folgerung aus diesem Wesenszug ab. Der Kälte der sieben Jungfrauen, die die Männer „quälen", werden einerseits „Zucht und edel Sitten" des männlichen Geschlechts gegenübergestellt. Andererseits wird eine andere Frauenwelt als Kontrastbild zu den sieben Jungfrauen hervorgehoben: die Jungfrau Maria.

Sie schien, obwohl den Schönsten gleich,
So jungfräulich, so liebereich,
Und trug mit Freud und Schmerzen
Ihr göttlich Kind am Herzen.

(Graf, S. 6)

Maria - liebreich, mild und gut – rettet den Ritter aus den Fängen der sieben Jungfrauen, indem sie sie versteinern lässt. Es konkurrieren zwei gegensätzliche Frauenbilder miteinander, wobei das für den Mann interessantere und anziehendere Bild durch die sieben Schwestern verkörpert wird, die durch die Ablehnung seiner Bewerbung für ihn zur Schmach werden. Für heutige Leserinnen und Leser bleibt unverständlich, warum die verschmähten Ritter nicht wieder nach Hause reiten. Die Macht dieser Frauen scheint die Männer ihres Verstandes zu berauben. Ein wesentlicher Grund für die extreme Bestrafung der jungen Frauen ist darin zu sehen, dass die Männer durch sie ihre Freiheit verlieren.

Hier wird eine selbstbestimmte Form weiblichen Lebens diffamiert, die in der Vorstellung des Bürgertums den adligen Kreisen entsprach. Die Jungfrauen, die sich amüsieren, stehen für einen

Lebensentwurf, der vom bürgerlichen Ideal weit entfernt ist. Das freie und ungezwungene Leben ist reizvoller als die strengen bürgerlichen Tugenden und das Bild der Muttergottes, die mit Schmerzen ihr Kind am Herzen trägt. Dies ist ein weiterer Grund dafür, weshalb die Strafe so unverhältnismäßig hoch ausfällt. Ein Leben wie das der Jungfrauen passt nicht in eine Welt, die den Lebensinhalt der Männer in der Arbeit und den der Frauen in der Betreuung des engen häuslichen Raums sieht.

Auch in der Variante von Georg Christian Braun wird das kalte Herz der Jungfrauen betont. Hier kommen zusätzlich Eitelkeit, Selbstliebe und Stolz als Charaktermerkmale hinzu. Besonders frevelhaft erscheinen diese Jungfrauen, da sie Maria verhöhnen und die Klagen des Verehrers als unmännlich der Lächerlichkeit preisgeben:

Beweget dein Flehen ihr steinernes Bild,
Dann wenden auch unsere Herzen sich mild
Zu deinem unmännlichen Klagen.
(Braun, S. 275)

Indem sie die Jungfrauen in Steine verwandelt, wird die Gottesmutter Maria zur Rächerin des verspotteten Mannes. Interessanterweise zeichnet der Autor aber kein keusches und zartes weibliches Gegenbild, sondern er fordert die Mädchen am Rhein auf, im Gegensatz zu den sieben Jungfrauen „lauter und feurig zugleich“ zu sein, ohne jedoch Stolz und Selbstbewusstsein zur Schau zu stellen.

Die sieben Jungfrauen als Sünderinnen und Betrügerinnen

Im Gedicht Achim von Arnims von 1812/13 „Der Pfalzgraf und die sieben Jungfern-Leien bei Oberwesel“ übernehmen sieben Nonnen die Gestalt der Jungfrauen. Damit hat er die Vorlage so verändert, dass die hohe Strafe besser motiviert erscheint. Die Erzählung über die sieben Jungfrauen ist eingebettet in eine Ballade über die Untreue des Pfalzgrafen gegenüber seiner Ehefrau. Fast alle Beteiligten werden zu Sünderinnen und Sündern.

Die junge Ehefrau des Pfalzgrafen, die in die Wehen kommt, schickt ihren Ehemann zur Jungfrau von Bornhofen, um Schutz für ihr Kind zu erbitten. Mit den sieben Kränzen, die sie für die Gottesmutter windet, schmückt sie ihren Mann und freut sich an seinem stattlichen Aussehen. Die Ehefrau wird als reines Gegenbild zu den sieben Jungfrauen entworfen. Deren Sünde wirkt in diesem Gedicht umso schwerer, da es sich um Nonnen handelt, die ihr Keuschheitsgelübde brechen. Es wird deutlich, dass sie das, was sie als Nonnen vermitteln sollten, selbst nicht glauben. Ihre Sünde besteht weniger in ihrer Anziehungskraft auf Männer, sondern vielmehr in ihrem Unglauben. Erschwerend kommt hinzu, dass sie keinen ungebundenen Jüngling verführen, sondern einen Ehemann, der seiner Frau beistehen sollte.

Der Mann, der in anderen Versionen als Opfer beschrieben ist, wird hier auch Sünder, da er seine Frau im Stich lässt und betrügt. Das Bild der Ehefrau als Kontrast zu den Jungfrauen ist in der Fassung von Achim von Arnims sehr konkret, so dass sie Vorbildcharakter erhält. Sie nimmt Rücksicht auf ihren Mann und weckt ihn nicht, als sie in die

Wehen kommt, weil er von der Bärenjagd müde ist. Nicht die Perspektive des Mannes steht bei Achim von Arnim im Vordergrund, sondern zunächst werden der Leser und die Leserin mit den Gefühlen der Pfalzgräfin konfrontiert. Das positive Gegenbild bleibt nicht wie bei Vogt in einem außerirdischen Raum, es gewinnt klare Konturen und ist anziehender dargestellt als das Bild der sieben Nonnen, deren Kuss „wie bleibeschwert" ist. Die Verführerinnen sind weniger erotisch als die sieben Jungfrauen bei Vogt. Der Pfalzgraf wird nur für einen kurzen Moment schwach, die Nonnen haben letztlich keine Macht über ihn. Der Dichter präsentiert das Bild der liebenden Ehefrau und Mutter als das wahre Frauenideal.

Die einzige Variante, die von einer Frau geschrieben wurde, stammt von Adelheid von Stolterfoth aus dem Jahr 1835. In ihrem Gedicht werden die Jungfrauen dadurch schuldig, dass sie den Freiern ganz offensichtlich Liebe vorspielen, die sie nicht empfinden. Die Ritter werden „betrogen", die jungen Frauen sind heuchlerisch; während sie in den vorherigen Versionen ihre Freiheit demonstrieren, verstellen sie sich bei Adelheid von Stolterfoth.

Ihre Hauptschuld besteht im Betrug und in der Vorspiegelung falscher Gefühle. In dieser Sage ist nicht die Jungfrau Maria die Rächerin, sondern die Frau Lurley, die als Königin in einem Schloss im Rhein residiert und den Ritter, der sich aus enttäuschter Liebe im Fluss ertränkt hat, in Empfang nimmt.

Die Flucht der sieben Schwestern

In zwei Versionen der Sage werden die Jungfrauen nicht versteinert, sie können auf ihr Schloss, die Schönburg, nach Lahnstein fliehen. Diese realer gestalteten Sagen stammen von Aloys Schreiber und Karl Geib. Das Leben der Jungfrauen wird als „heiter und lebendig“ umschrieben, sie öffnen ihr Herz nicht der Liebe, sondern treiben mit den Freiern ihr neckisches Spiel. In diesen Varianten sind die Männer dem Spiel der Frauen nicht hilflos ausgeliefert, viele ziehen sich wieder zurück. Einige der Freier wollen von den Schönen jedoch eine Entscheidung erzwingen, indem sie ihnen eine vierwöchige Frist setzen, sieben von ihnen auszuwählen und keine

Freier mehr an das Schloss heranzulassen. Die Jungfrauen gehen zum Schein auf deren Bedingungen ein, doch sie fliehen auf einem Schiff nach Lahnstein. Diese Schilderung lässt das Frauenbild der „sittenlosen“ Jungfrauen weniger negativ erscheinen. Die Folgen ihrer freien Lebensweise sind für die Freier entsprechend weniger bedrohlich, da sie die Möglichkeit haben, sich wieder abzuwenden, während in der Version von Vogt die Männer durch die sexuelle Ausstrahlung der Frauen so abhängig waren, dass die Frauen bestraft werden mussten. Doch in keiner Fassung können es die Männer ertragen, abgelehnt zu werden.

Die liebliche und die dämonische Loreley

In Clemens Brentanos Gedicht „Lore Lay“ (1802) erscheint die sagenumwobene Frau mit Namen Loreley zum ersten Mal. Lange Zeit hatte man angenommen, es handle sich bei der weiblichen Figur um eine früher schon mündlich tradierte Sagengestalt. Dafür konnten aber keinerlei Belege gefunden werden. Die Frauenfigur Loreley wurde erfunden von Clemens Brentano (vgl. Lentwojt, S. 157 und Bürger, S. 32), der aus verschiedenen Traditionssträngen Elemente aufgenommen hat und in seinem Romanfragment „Godwi“ sowie in seinen Rheinmärchen zwei Loreleygestalten entworfen hat: Im Romanfragment steht die schöne und sanfte Loreley, die von ihrem Geliebten verlassen wurde, im Mittelpunkt, und in den Rheinmärchen ist es die mächtige „Frau Lureley“, die unter dem Rhein in einem großen Schloss wohnt. Als Frau Lureley von ihrem Mann betrogen wurde, nahm der mächtige Rhein sie als Tochter an und ließ sie in seinem Schlosse wohnen.

Bei Frau Lureley hat Brentano das Melusinen-Motiv aufgenommen und verarbeitet. Melusine ist eine Figur von Thüring von Ringolfingen (1456), die sich beim Baden in eine Frau mit Fischschwanz verwandelt. Melusine führt eine sehr glückliche Ehe, bis zu dem Tag, an dem ihr Mann das Versprechen bricht, seine Frau nicht beim Bade zu beobachten. Sie verwandelt sich in einen Drachen und muss aus dem Menschenreich fliehen.

Auch Brentanos Frau Lureley, die Mutter von sieben Töchtern, ist schön und mächtig. Genau wie Melusine wird sie von ihrem Mann hintergangen und muss die normale Welt verlassen, um unter dem Wasser des Rheins zu leben. Mit ihr taucht das Motiv des Schiffversenkens erstmals auf. Aber im Gegensatz zu späteren Versionen ist sie nicht bösartig, sie lässt sich jedoch nicht alles gefallen.

„Ich wendete meine Augen nach dem Fels, da sah ich eine wunderschöne junge Frau sitzen; ganz schwarz ihr Röcklein, weiß ihr Schleier, blond ihre langen Haare. Die Knappen aber hörten nicht auf, sie zu verhöhnen; da ward der Sturm immer heftiger; das Schiff ward mitten in den Strudel geworfen, und begann sich wie eine Spindel zu drehen. (...) Auf einmal that es einen Schlag (...), und das ganze Boot wurde von dem Strudel hinab geschlungen." (Brentano, Rheinmärchen, S. 191)

Die Gestalt der Frau Lureley erinnert an heidnische Göttinnen aus dem germanischen Kulturkreis wie die Göttin Hulda, die u. a. in Hessen und in Teilen des Rheinlandes verehrt wurde. Alten Überlieferungen zufolge gilt sie als freundlich und mild, nur in Ausnahmefällen zürnt sie, wenn sich jemand gegen sie wendet. Dann kann sie Regen und Sturm hervorrufen. Das Bild der Wettermacherin wird in der Frühen Neuzeit durch die Hexenverfolgung wieder aufgegriffen und dämonisiert. Eine ähnlich negative Wandlung widerfährt der Gestalt der Loreley. In „Godwi" entwarf Brentano eine unglückliche „Zauberin", die von ihrem Geliebten verlassen wurde. In späteren Bearbeitungen wurde aus ihr eine männermordende Sirene. Das um den Geliebten trauernde Mädchen wird folgendermaßen beschrieben:

Die Augen sanft und wilde,
Die Wangen rot und weiß,
Die Worte still und milde,
Dies ist mein Zauberkreis.

(Brentano, Werke, S. 25)

Diese junge Lore Lay bezaubert durch ihre Schönheit die Männer so sehr, dass sie sie „zu Schanden" macht. Da die Männer aufgrund der Ablehnung keinen Erfolg haben, wird dies als Schande deutet. Im Gegensatz zu den sieben Jungfrauen lehnt Loreley die Freier aber nicht aus Stolz ab, sondern weil sie sich bereits an einen anderen gebunden fühlt, den sie liebt. Obwohl Loreley mit ihrer absoluten Treue genau den erwarteten bürgerlichen Frauentugenden entspricht, wird sie der Zauberei bezichtigt, weil die Männer ihren Reizen hilflos ausgeliefert sind. Besonders interessant ist, dass sie nicht gegen moralische Normen verstößt und lediglich ihrer positiven Ausstrahlung wegen vor Gericht geführt wird. Diesen inneren Widerspruch empfinden anscheinend diejenigen, die den Text Brentanos als Grundlage zu eigenen Loreley-Dichtungen verwenden. In fast allen späteren Versionen wird die Loreley als bösartig dargestellt.

Großen Einfluss auf das veränderte Bild hatte die Bearbeitung von Aloys Schreiber, der 1818 ein „Handbuch für Reisende am Rhein“ herausgibt und den Stoff als alte Sage bezeichnet. Da dieses Reisehandbuch sehr populär wurde, war am Ende die Version von Schreiber bekannter als die ursprüngliche Fassung von Brentano. Bei Schreiber wird sie als verwunschene Zauberin, als Unholdin und Hexe dargestellt, die ihre Reize zur Schau stellt und mit ihrem Gesang die Männer so bezaubert, dass sie nicht mehr auf den Lauf ihres Schiffes achten und untergehen. Allerdings ist auch in dieser Fassung objektiv keine Schuld der Loreley festzustellen. Dass sie auf dem Felsen sitzt und singt, ist ja kein Verbrechen. Doch anscheinend brauchten die Männer eine Schuldige, der sie die Schiffsunglücke zur Last legen konnten.

Spaltung des Frauenbildes

An der aufgezeigten Entwicklung von Brentano bis zu Schreiber ist die Veränderung des Frauenbildes im frühen 19. Jahrhundert deutlich abzulesen. Die „Lore Lay" Brentanos ist eine positive Frauengestalt: lieb und fein, treu und moralisch unangreifbar. Ihre einzige „Verfehlung" ist ihre sexuelle Anziehungskraft auf die Männer. Ihre erotische Seite wird von dem positiven Idealbild der Frauen durch die späteren Bearbeitungen abgespalten, indem die Verführungskünste der Loreley als teuflisch gebrandmarkt werden. Erotische Sinnlichkeit scheint für Männer gefährlich, deshalb müssen Frauen, die sie ausstrahlen, dämonisiert werden. So entstehen zwei Frauentypen, die einander gegenübergestellt werden: Auf der einen Seite steht die stolze, verführerische Frau, während auf der anderen Seite das entsexualisierte Bild der lieben, zarten Jungfrau und der treu sorgenden Mutter dem gegenübergestellt wird.

Es stellt sich die Frage, warum sich das Frauenbild in dieser Zeit aufgespalten hat. Wichtig ist in diesem Zusammenhang die Verbreitung eines neuen Liebesideals. Während des 18. Jahrhunderts hatte sich die Idee durchgesetzt, dass die Ehe nicht durch Vereinbarungen der Eltern geschlossen werden, sondern auf Liebe gründen sollte. Viele Erzählungen thematisieren diesen Umstand, indem die Liebenden gegen den Wunsch der Eltern zusammenfinden. In den Sagen „Das Fräulein von Flörsheim“ und „Der Ritt zur Trauung“ wird verdeutlicht, dass eine ohne Liebe geschlossene Ehe nicht rechtmäßig ist. Die Väter, die darauf beharren, für ihre Tochter den Bräutigam auszusuchen, werden meist am Ende bestraft und müssen ihren Irrtum einsehen. Die Sage „Imma und Eginhard“ verdeutlicht besonders, dass eine Ehe nicht auf Gutdünken des Vaters geschlossen werden soll, sondern nur aus der Liebe der Ehepartner erwachsen kann. Die Kaisertochter Imma wird mit ihrem selbst gewählten Ehemann glücklich, obwohl sie von ihrem Vater verbannt wird und in Armut leben muss.

Die Vorstellung der Liebesheirat setzte sich im frühen 19. Jahrhundert immer mehr durch; es ergab sich aber in der Realität das Problem, dass die Leidenschaft nach einer gewissen Zeit abnahm, die Ehe jedoch bis zum Tod dauern sollte. Da die Ehe nicht auf die Zeit der Leidenschaft beschränkt werden konnte, sollte die Liebe von der Leidenschaft abgekoppelt werden. Liebe musste so bestimmt werden, dass sie eine gewisse Beständigkeit vermittelte und auf gegenseitiger Loyalität beruhte. Da aber die erotische Anziehungskraft weniger ein Garant für die Dauer der Liebe darstellt, wurde ein entsexualisiertes Frauenbild propagiert, das eine länger anhaltende Beziehung garantieren sollte.

Den Sagen, die die geforderten neuen Wesensmerkmale von Frauen hervorheben, ist anzumerken, dass das alte Frauenbild eine größere Anziehungskraft ausübt. Deshalb musste dieses attraktivere Frauenbild dämonisiert werden. Frauen, die stolz und schön waren, wurden zu Negativgestalten. Dass sie gleichzeitig moralisch integer seien, sollte unmöglich erscheinen. Die Sexualität der Frauen wird mit dem Tod in Verbindung gebracht. Diese Korrespondenz von Sinnlichkeit und Tod weist darauf hin, dass es nicht einfach war, die leidenschaftliche Liebe durch eine dauerhafte Variante abzulösen. Die Verdammung der Leidenschaft kann während des ganzen 19. Jahrhunderts in literarischen Texten nachgewiesen werden.

Bedeutung der bürgerlichen Frauentugenden

Unter den Rheinsagen befinden sich auch einige Geschichten, in denen die Treue der Ehefrau thematisiert und als vorbildlich hingestellt wird. Sowohl in der Genoveva-Sage als auch in der Sage über die Königin Hildegard geht es um Ehemänner, die ihre Frauen in der Obhut eines Freundes bzw. Halbbruders zurücklassen, um in den Krieg zu ziehen. Die Frauen werden jeweils von den auserwählten Beschützern umworben, aber sie lehnen deren Werbung entschieden ab und halten in Treue zu ihrem Mann, der durch Intrigen bei seiner Rückkehr jedoch davon überzeugt wird, seine Frau habe Ehebruch begangen. Obwohl Karl als Strafe seine Gattin Hildegard enthaupten lassen will, verzeiht sie ihm, als sich ihre Unschuld am Ende herausstellt. Die Ehefrauen werden als Idealbilder von Treue und Anhänglichkeit gezeichnet. Im Gegenzug wird vom Ehemann als korrespondierende Tugend Vertrauen in die Ehrlichkeit seiner Frau verlangt.

Die beiden konkurrierenden Frauenbilder, die sich in den Sagen widerspiegeln, beziehen sich in vielen Aspekten auf das adlige und das bürgerliche Frauenbild, wie es sich im 18. Jahrhundert herausgebildet hatte. Besonders in der Sage „Die sieben Jungfrauen“ werden Vorstellungen, die mit dem adligen Frauenbild verknüpft werden, bekämpft. Die Liebesabenteuer der Adligen waren auf Erotik ausgerichtet, nicht auf Tiefe und Dauer. Sowohl der spielerische Umgang mit den Verehrern als auch die Vergnügungen, denen die sieben

Schwestern nachgehen, entsprechen dem Klischee der adligen Frau. Sie stehen im Widerspruch zur Rolle des bürgerlichen Mädchens, das sich mit Handarbeiten und Musizieren beschäftigen soll.

Die Sagen, die von einem sehr breiten Publikum gelesen wurden, verfestigten das neue bürgerliche Frauenbild und die dazu passenden Rollenzuweisungen. Da Literatur oft nicht nur eine Per-spektive vermittelt, wird aber auch die Sehnsucht nach dem ‚anderen Frauenbild' deutlich.

Literatur

Arnim, Achim von: *Der Pfalzgraf und die sieben Jungfrauen-Leien bei Oberwesen.* In: Achim von Arnim: *Gedichte.* Hg.: Ulfert Ricklefs. Frankfurt am Main 1994, S. 821-825.

Bechstein, Ludwig: *Deutsches Sagenbuch.* Leipzig 1853, S. 86-87.

Braun, Gregor Christian: *Bilder der Natur und des Menschenlebens.* Wiesbaden 1821, S. 270-275.

Brentano, Clemens: *Rheinmärchen. In der von Guido Görres herausgegebenen Ausgabe von 1846.* Frankfurt am Main 1985, S. 191.

Brentano, Clemens: *Werke. Band 1.* Hg.: Wolfgang Frühwald, Bernhard Gajek und Friedhelm Kemp. 2. Aufl. München/Wien 1973, S. 25.

Geib, Karl: *Die Volkssagen des Rheinlandes. Band 1.* Heidelberg 1828, S. 106-110.

Graf, Klaus: *„Die sieben Jungfrauen bei Oberwesel. Eine poetische Anthologie von Gedichten und Prosatexten zur Geschichte einer Rheinsage von 1811 bis 1928"* zusammengestellt 1999.

Henninger, Alois: *Nassau in seinen Sagen, Geschichten und Lieder fremder und eigener Dichtung. Band 3: Die Lahn und der Westerwald.* Wiesbaden 1845, S. 33-35.

Müller, Wolfgang: *Lorelei. Rheinische Sagen.* Köln 1851, S. 132-143.

Ritzel, Jörg: *Alle Sieben.* In: *Der lachende Rhein.* Hg.: Jörg Ritzel, Köln 1928, S. 169.

Schreiber, Aloys: *Handbuch für Reisende am Rhein von Schaffhausen bis Holland, in die schönsten anliegenden Gegenden und an die dortigen Heilquellen.* 2.

Auflage. Heidelberg o. J., Anhang: *Volkssagen aus den Gegenden am Rhein und am Taunus,* S. 60-62.

Simrock, Karl: *Rheinsagen. Aus dem Munde des Volks und deutscher Dichter. Für Schule, Haus und Wanderschaft.* 7. Aufl. Bonn 1876, S. 214-215.

Stolterfoth, Adelheid von: *Rheinischer Sagen-Kreis. Ein Ciclus von Romanzen, Balladen und Legenden des Rheins nach historischen Quellen bearbeitet.* Frankfurt am Main 1835, S. 31-33.

Vogt, Niklas: *Die Bildergallerie des Rheins.* In: *Rheinisches Archiv für Geschichte und Literatur.* Hg.: Niklas Vogt und Johannes Weitzel. Band 5, Heft 5, Mainz 1811, S. 68-69 und Band 6, Heft 9, Mainz 1911, S. 5-9. Die zweite Gedichtfassung erschien in: Niklas Vogt (Hg.): *Rheinische Bilder.* Frankfurt am Main 1821.

Einladung zu einem ‚Nixen-Abend' im Jahre 2010

Initiativkreis „Kultur im Dorf" Brey

Die Nixensagen aus Brey

Samstag, 4. September 2010

Brey, Bürgerhaus, 19 Uhr

Erzähler: Kammerschauspieler Hermann Burck
Musikalische Umrahmung: MGV Eintracht Brey
mit Burkhard Schmitt, Klavier

Eintritt: 5€

V.i.S.P: Werner Müller, Brey, Tel. 02628/[illegible]

In der Reihe *mykum pocket* sind bisher erschienen:

Biere, Bernd Ulrich: *häppchen für alle – Die neue Häppchen-Kultur.* Brey: mykum 2017. 128 S., 13,80 (ISBN: 978-3-9818173-3-1)

Heringer, Hans Jürgen: *Fit in Grammatik. Kleine Reimgrammatik.* Brey: mykum o.J. 104 S., 29,80 (ISBN: 978-3-9819884-1-3)

Heringer, Hans Jürgen: *Ich hab mein Sach auf nichts gestellt. Mein Goethe-Brevier.* Brey: mykum o.J., 120 S., 8,99 (ISBN: 978-3-9819884-4-4)

Heringer, Hans Jürgen: *Der kleine Schopenhauer. Im Dialog mit sich selbst.* Brey: mykum o.J., 80 S., 6,99 € (ISBN: 978-3-9819884-3-7)

mykum Verlag
Auf der Bornau 29
56321 Brey
GERMANY

info@mykumverlag.de